Endlich verständlich

Deutsch
Rechtschreibung
Klassen 5/6

Autorin: Susanne Homberg
Illustrator: Manfred Bofinger

Volk und Wissen Verlag

Inhaltsverzeichnis

Groß- und Kleinschreibung

1 Trenne die Wörter mit einem Strich ab.

HUND|BLÜHENQUAKENHÄSSLICHBRENNENFEUER
HAHNKRÄHENGEFÄHRLICHBLUMENBELLENSCHÖN
FROSCHSTOLZ

2 Schreibe die Wörter in der richtigen Groß- und Kleinschreibung in die passende Spalte.

Nomen (Namenwörter)	Verben (Tuwörter)	Adjektive (Wiewörter)
Hund,		

3 Jeweils drei Wörter gehören zusammen. Bilde sinnvolle Sätze.

Beispiel: Der gefährliche Hund bellt.

Großschreibung von Nomen

Merke dir:	**Beispiele:**
Nomen schreibt man groß. Mit ihnen bezeichnet man:	
◆ Lebewesen,	*Bäcker, Hund, Kind, Peter, Tier*
◆ Dinge, die man sehen oder anfassen kann,	*Blume, Haus, Hose, Spielzeug, Stuhl*
◆ abstrakte Begriffe.	*Angst, Armut, Hoffnung, Hunger, Liebe*

4 In den folgenden Wörtern sind Nomen versteckt. Markiere sie.

weinen ◆ stopfen ◆ anfassen ◆ tasten ◆ schaffen ◆ Verdacht ◆ vermeiden ◆ aufpassen ◆ während ◆ wehren ◆ teilen ◆ trocknen ◆ schwitzen ◆ schneiden ◆ prügeln ◆ krachen ◆ leise ◆ gestern ◆ glauben ◆ graben ◆ heulen ◆ braten

5 Schreibe die Nomen mit ihrem bestimmten Artikel (Begleiter) in die passende Spalte.

Lebewesen	Dinge	abstrakte Begriffe
	der Wein,	

Übrigens: Das erste Wort eines Satzes, einer Überschrift oder einer wörtlichen Rede wird immer großgeschrieben.

Merke dir:
Wörter mit der Endung *-heit, -keit, -nis, -schaft* oder *-ung* sind abstrakte Nomen. Sie werden also immer großgeschrieben.

Beispiele:
Dummheit, Wirklichkeit, Versäumnis, Mannschaft, Heizung

6 Bilde aus den Adjektiven und Verben sinnvolle Nomen.

Nomen mit *-nis*: Finsternis, ...

Nomen mit *-heit*: ....

Nomen mir *-keit*: ....

Nomen mit *-schaft*: ....

Nomen mit *-ung*: ....

Soll ich dir ein *Geheimnis* verraten?
Auf S. 14 gibt es einen Lerntest. Mit etwas Übung wird er für dich aber keine *Schwierigkeit* sein.

Groß- und Kleinschreibung von Verben

Merke dir:
Verben werden kleingeschrieben.
Verben können auch als Nomen gebraucht werden. Dann werden sie großgeschrieben.
Ob ein Verb als Nomen gebraucht wird, erkennst du an folgenden Signalwörtern:
- (gedachter) Artikel,
- Präposition (Verhältniswort) mit Artikel,
- Pronomen (Fürwort),
- Adjektiv.

Beispiele:
brennen, gehen, kochen, laufen

(das) Rennen, (das) Essen, (ein) Brennen
beim (= bei dem) Laufen, zum (= zu dem) Essen, im (= in dem) Stehen
sein Jammern, ihr Rufen, unser Singen
langes Schweigen, lautes Schreien

7 In dieser „Hausordnung“ werden Verben als Nomen gebraucht. Markiere sie.

HAUSORDNUNG
Vor der Haustür ist das Parken erlaubt.
Am Wochenende ist das Singen unter der Dusche verboten.
Das Aufhängen der Wäsche im Hof ist gestattet.
Bei schönem Wetter ist das Grillen auf dem Balkon erwünscht.
Im Treppenhaus ist das Bemalen der Wände und das Abstellen von Fahrrädern Pflicht.
Nachbarn dürfen sich über das laute Bellen von Hunden nicht beschweren.
Das tägliche Betreten des Rasens ist nur Kindern erlaubt.
Gerne darf nach 22 Uhr ein Lachen und Schreien zu hören sein.

8 Schreibe die unterstrichenen Wörter als Verb und mit ihrem Signalwort als Nomen auf.

Beispiel: parken – das Parken,

„Das Wandern ist des Müllers Lust, das Wandern ist des Müllers Lust, das Wa-an-dern!“

9 In den Anzeigen findest du Verben, die als Nomen gebraucht werden. Markiere sie.

Pferdenärrin sucht Begleitung zum Ausreiten.

Wer hilft mir
beim Putzen
meiner Wohnung?

Zum Ändern
meines Mantels suche ich
jemand, der Ahnung vom
Nähen hat!

Im Rechnen bin ich ein
Ass!
Wem soll ich
beim täglichen Üben helfen?

0 Vor den unterstrichenen Wörtern steht als Signalwort eine Kurzform aus Präposition + Artikel. Löse sie auf und schreibe sie mit dem Nomen auf.

Beispiel: beim (= bei dem) Putzen,

1 Ergänze in den Sätzen die passenden Verben als Nomen.

essen ● fernsehen ● lernen ● sitzen ● spielen ● stehen

Dino fragt: „Kommst du heute zum Fernsehen? Der Krimi beginnt um 19.30 Uhr."

Tobias stöhnt: „Vom vielen .... bekomme ich Kopfschmerzen!"

Riccarda fragt: „Sollen wir unsere Pizza im .... oder im .... essen?"

Lars schluchzt: „Ich habe mir beim .... das Knie aufgeschlagen."

Am .... liegt es nicht, dass ich dicker geworden bin", verteidigt sich Jana.

2 Schreibe die Sätze in der richtigen Groß- und Kleinschreibung auf.

„IHR DÜRFT IM MUSEUM KEIN BILD BERÜHREN", WARNTE DIE LEHRERIN. „BEIM BERÜHREN WIRD NÄMLICH DIE ALARMANLAGE AUSGELÖST."

„ICH FÜRCHTE, MIT MEINER NEUEN BRILLE SEHE ICH ZUM FÜRCHTEN AUS", SEUFZT GINA.

Im Liegen fällt mir *das Lernen* viel leichter.
Nur *beim Schlafen* hat es mit *dem Üben* noch nicht geklappt.

13 Markiere die Verben, die als Nomen gebraucht werden, mit ihrem Signalwort.

14 Schreibe die Sätze in der richtigen Groß- und Kleinschreibung auf.

15 Finde zu jedem Verb passende Adjektive.

hell, laut, regelmäßig, sorgfältig, ständig, wütend

.... laut schreien .... abschreiben

.... leuchten .... bellen

.... üben .... streiten

16 Schreibe die Verben mit einem passenden Adjektiv als Nomen auf.

Beispiel: lautes Schreien,

Erfinde ganze Sätze mit den Satzteilen aus Aufgabe 16.
Danach geht's zur nächsten Übung.

Groß- und Kleinschreibung von Adjektiven

Merke dir:	**Beispiele:**
Adjektive werden kleingeschrieben.	*blau, gut, rund, schön, warm*
Adjektive können auch als Nomen gebraucht werden. Dann werden sie großgeschrieben. Ob ein Adjektiv als Nomen gebraucht wird, erkennst du an folgenden Signalwörtern:	
◆ Artikel	*das Blau, das Gute, die Kranken*
◆ Präposition mit Artikel	*ins (= in das) Blaue, im (= in dem) Freien*
◆ Pronomen (Fürwort)	*dein Großer, unser Bestes*
◆ Mengenwörter	*alles Gute, etwas Kaltes, nichts Neues*

17 In dem Text findest du viele Adjektive.
Markiere sie und schreibe sie in der Grundform auf.

Beispiel: lieb,

Hereinspaziert, meine Damen und Herren, liebe Kinder. Sehen Sie Sabrina, die Schöne, mit ihren langen, goldenen Haaren.
Ivan, der Starke, hebt für sie die schwersten Hanteln.
Eine weltberühmte Attraktion ist der furchtlose Hochseiltänzer Brisko. Keiner ist so schwindelfrei wie er.
Für Kinder haben wir eine besondere Überraschung. Der bekannte Clown, August der Dumme, wird euch mit seinen lustigen Grimassen zum Lachen bringen.

18 In dem Text findest du auch drei Adjektive, die zu Nomen geworden sind.
Unterstreiche sie in einer anderen Farbe.

Durch welches Signalwort sind die drei Adjektive zu Nomen geworden? ____

19 Markiere die Adjektive, die zu Nomen geworden sind, mit ihrem Signalwort.

Die Polizei tappte <u>im Dunkeln</u>. Kommissar Schimpanski war sich darüber im Klaren, dass die Diebe bereits das Weite gesucht hatten.

Am Wochenende werden wir eine Fahrt ins Blaue machen. Wir nehmen ein Zelt mit, damit wir im Freien übernachten können.

Im Großen und Ganzen haben wir noch einmal Glück gehabt und die Sache hat sich zum Guten gewendet.

Der Juwelendieb hat seine Schäfchen ins Trockene gebracht. Er ist nach Südamerika geflohen und kann dort aus dem Vollen schöpfen.

Mit seinen Lottozahlen hat Vater ins Schwarze getroffen.

„Du musst den Brief noch mal ins Reine schreiben", sagt die Lehrerin.

20 Die Sätze enthalten lauter feste Redewendungen. Schreibe sie in der Grundform auf.

Beispiel: im Dunkeln tappen,

21 Groß oder klein? Ergänze den passenden Anfangsbuchstaben.

Für dich werde ich mir als Geschenk etwas ......esonderes (B/b) überlegen.

„Unser ......roßer (G/g) macht jetzt Abitur", erklärt Vater ......tolz. (S/s)

Wenn Mutter abnehmen will, darf sie nichts ......üßes (S/s) essen.

Ich wünsche dir alles ......iebe (L/l) und ......ute (G/g) zum Geburtstag.

Du musst viel ......risches (F/f) Gemüse essen.

Kennst du den Film *Die ......chöne (S/s) und das Biest*?

Wir werden unser ......estes (B/b) geben.

22 Schreibe die Adjektive, die als Nomen verwendet werden, mit ihrem Signalwort auf.

Wenn ich hier so sitze, bin ich mit mir und der Welt *im <u>R</u>einen*.

Eigennamen

Merke dir:
Eigennamen schreibt man groß.
Bei mehrteiligen Eigennamen aus Adjektiv + Nomen, wird auch das Adjektiv großgeschrieben.

Beispiele:
Susanne, Spanien, die Donau, Afrika
Karl der Große, das Tote Meer,
der Kleine Wagen, die Chinesische Mauer, der Wilde Westen

23 Aus Farbadjektiven und Nomen können Eigennamen gebildet werden. Ergänze passend.

blau: Planet	grau: Panther	rot: Kreuz	schwarz: Witwe	weiß: Haus

Das Rote Kreuz ist eine Hilfsorganisation.

Die Erde wird auch der .... genannt.

Der amerikanische Präsident wohnt im ....

Die .... vertreten die Interessen älterer Menschen.

Die .... ist eine giftige Spinnenart.

24 Eigenname oder nicht? Streiche die falsche Schreibweise durch.

Der Schiefe/~~schiefe~~ Turm von Pisa ist ein bekanntes Bauwerk in Italien.
Nach dem Zahnarztbesuch hat Ramona einen Schiefen/schiefen Mund.

Bei klarem Himmel kann man den Großen/großen Wagen sehen.
Ines hat im Lotto das Große/große Los gezogen.

Vater hat sein Altes/altes Auto verkauft.
Ein Teil der Bibel ist das Alte/alte Testament.

Lerntipp:
Feste Verbindungen aus Adjektiv + Nomen, die keine Eigennamen sind, werden meistens kleingeschrieben:
der blaue Brief, die erste Hilfe, die silberne Hochzeit, die deutsche Sprache

Aufgepasst:
In *das schwarze Schaf* schreibt man *schwarz* klein.

Zeitangaben

Merke dir:	**Beispiele:**
Zeitangaben werden mit Nomen oder mit Adverbien (Umstandswörtern) gebildet.	
◆ Nomen erkennst du an einem Signalwort. Sie werden großgeschrieben.	*der Mittag, eines Abends, am Nachmittag, letzte Woche*
◆ Adverbien werden kleingeschrieben.	*montags, tagelang, tags zuvor*

25 In dem Brief gibt es viele Zeitangaben. Unterstreiche sie.

Liebe Mutti,

viele Grüße aus dem hohen Norden. Wir sind jetzt bereits einige Tage hier im Landschulheim und haben uns prächtig eingelebt. Für mich war es anfangs etwas ungewohnt, mit anderen Kindern in dem selben Schlafsaal zu übernachten, aber jetzt habe ich mich daran gewöhnt. Hier ist auch jeden Tag etwas anderes los. Am Mittwochmorgen haben wir Minigolf gespielt – für Schulklassen gibt es nämlich mittwochs immer ermäßigte Karten. Das Essen ist hier auch ganz gut. Heute Mittag gab es Würstchen mit Kartoffelsalat und morgen Abend wollen wir grillen. Zum Glück ist das Wetter schön, so dass wir  täglich zum Strand gehen können. Letzte Nacht jedoch gab es ein fürchterliches Gewitter. Der Sturm hat über Nacht mehrere Strandkörbe umgeweht. Die Einheimischen sagen, dass es so ein Unwetter schon jahrelang nicht mehr gegeben hat. So, jetzt muss ich aber Schluss machen.

Bis nächste Woche, dein Tim

26 Liste alle Zeitangaben auf, in denen *der Morgen, der Mittag, der Abend, der Tag, die Nacht* vorkommen. Achte auf die Groß- und Kleinschreibung.

Lerntipp:
Tageszeiten nach den Wörtern *vorgestern, gestern, heute, morgen* und *übermorgen* werden großgeschrieben: *gestern Abend, heute Mittag, morgen Nachmittag.*

In *morgen Abend* schreibt man *Abend* groß, in *morgen früh* aber *früh* klein. Kannst du das erklären?

Anredepronomen

Merke dir:

- Werden in Briefen Personen vertraulich angeredet, schreibt man die Anredepronomen klein.
- Bei der Höflichkeitsanrede schreibt man die Anredepronomen groß.

Beispiele:

du, dein, deine, dich, dir, euch, euer

Sie, Ihnen, Ihr, Ihre

27 Markiere in den Briefen die Anredepronomen.

Sehr geehrter Herr Dr. Kleiner,
wie Sie wissen, habe ich Ihnen letzte Woche ein Angebot zugeschickt. Gerne würde ich dazu Ihre Meinung hören. Ich habe bereits mit Ihrem Kollegen gesprochen, aber der konnte mir keine Auskunft geben. Ich würde mich freuen, bald von Ihnen zu hören.

Herzliche Grüße, Ihr Dr. Große

Lieber Michael,
gestern habe ich deine Schwester getroffen. Sie sagte mir, dass du schon seit einer Woche mit Grippe im Bett liegst. Hast du dich im Schwimmbad erkältet? Ich hoffe, ihr müsst nicht auch euren Urlaub verschieben. Den habt ihr euch doch redlich verdient.

Gute Besserung, wünscht dir dein Tom

28 Stell dir vor, Dr. Große schreibt den Brief an einen befreundeten Kollegen. Schreibe den Brief um.

Lieber Paul,

wie du weißt, ...

....

....

....

....

....

Unter uns „schrägen Vögeln“ sind wir eh alle per du.
Also kein Problem mit Groß- und Kleinschreibung in Briefen...
alle Anredepronomen sind klein.

1. Ergänze die Anfangsbuchstaben in der richtigen Groß- und Kleinschreibung.

Wir wünschen dir ....ute (g/G) Besserung.

Es gibt nichts ....utes (g/G), außer man tut es.

Bis ....orgen (m/M) wird sich alles zum ....uten (g/G) wenden. 6

Die ......ahrt (f/F) wird noch eine ....ute (g/G) Stunde dauern.

Wie heißt der Junge, der sein ....achen (l/L) verloren hat?

Jeden ......ittag (m/M) ist lautes ....achen (l/L) vor der Schule zu hören.

Ich weiß nicht, ob ich ....achen (l/L) oder weinen soll.

Tine hat sich beim ....achen (l/L) so verschluckt, dass sie Tränen in den Augen hatte. 5

Nächste Woche feiern meine Großeltern ....oldene (g/G) Hochzeit. 4

„Da ist eine ....chwarze (s/S) Witwe! Haben ....ie (s/S) ....ie (s/S) gesehen?“

2. Schreibe die großgeschriebenen Verben und Adjektive
mit ihrem Begleiter auf.

....

.... 5

....

Du kannst **20 Punkte** **erreichen.**
Du hast **erreicht.**

Gleich klingende Vokale und Konsonanten

1 Lies die Wörter laut und deutlich. Welche klingen gleich oder ähnlich?
Schreibe die Wortpaare auf.

Fälle ▲ Laib ▲ Kreis ▲ singt ▲ Gepäck ▲ Rat ▲ Felle ▲ Achsel ▲ Häute ▲ fiel ▲ Rad ▲ heute ▲ Leib ▲ Gebäck ▲ Greis ▲ viel ▲ sinkt ▲ Axel

Fälle – Felle, ...

....

....

....

2 Welche Laute in den Wortpaaren klingen gleich, werden aber unterschiedlich geschrieben?
Markiere sie.

Beispiel: Fälle – Felle,

ä oder e

Merke dir:
Du kannst nicht hören, ob ein Wort mit *ä* oder mit *e* geschrieben wird.
Gibt es aber ein verwandtes Wort mit *a*, schreibt man meistens *ä*.

Beispiele:
fällt, Welt, Pferde, Fährte

alt – älter, Blatt – Blätter, Gans – Gänse

3 Was stellen die Bilder dar? Schreibe die Nomen im Singular und im Plural auf.

Apfel-Äpfel ....

....

....

4 Trenne die Nomen der Wörterschlange ab.

5 Schreibe die Nomen in der richtigen Groß- und Kleinschreibung auf und bilde den Plural.

Beispiel: der Strand – die Strände,

Eltern schreibt man aber mit *e*, obwohl sie *älter* sind als du.

6 Setze die Silben zu Verben zusammen und markiere den Stammvokal *a*.

bla- bra- fah- schla- fal- fan- gra- hal- las- ra- tra- wa-

-ben -fen -gen -gen -len -ren -schen -sen -sen -ten -ten -ten

Beispiel: blasen,

7 Welche Tätigkeiten werden in den Bildern dargestellt. Wähle ein Verb aus Aufgabe 6.

Er wäscht sich. Oma .... Er ....

Es .... Sie .... Er ....

8 Bilde zu den übrigen Verben aus Aufgabe 6 eine Personalform mit *ä*.

Beispiel: blasen – es bläst,

9 Finde zu den Verben ein Nomen mit *a*.

schälen – die Schale

hängen ....

wählen ....

rächen ....

fällen ....

kämpfen ....

nähen ....

quälen ....

zählen ....

ernähren ....

Bist du auch ein *Langschläfer*?

10 Finde zu den Nomen ein Adjektiv mit *ä*.

Angst	ängstlich	Glanz	....
Pracht	....	Macht	....
Schaden	....	Tag	....
Mann	....	Gefahr	....
Verrat	....	Kampf	....
Klage	....	Land	....

11 Finde zu den Adjektiven die Gegenwörter mit *a* und bilde die Steigerungsstufe.

jung	alt – älter	kurz	....
heiß	....	trocken	....
reich	....	stumpf	....
weich	....	schwach	....
gesund	....	fern	....

12 Ergänze passend *e* oder *ä*.

Der Händler f.....gt seinen Laden.

Der B.....cker kn.....tet den Teig.

Ina n.....ht die .....rmel in die Bluse.

Die S.....ngerin schm.....ttert eine Arie.

Der J.....ger kl.....ttert auf seinen Hochsitz.

Ich sch.....tze Max .....lter als 13.

13 Finde zu den Wörtern mit *ä* ein verwandtes Wort mit *a*.

Beispiel: Händler – handeln,

Die Verwandtschaftsprobe hilft dir leider nicht immer.
Sieh auf der nächsten Seite nach.

Merke dir:
Manche Wörter werden mit *ä* geschrieben, obwohl es kein verwandtes Wort mit *a* gibt. Diese Wörter sind Merkwörter.

Beispiele:
Ähre, dämlich, Gerät, Mähne, zäh

14 Löse die Treppenrätsel.

	Ä		Raubtier			
		Ä		Gegenteil von *früh*		
			Ä		Werkzeug/ Maschine	
				Ä		schief

	Ä			Milchprodukt			
	Ä				Gefängnis für Tiere		
	Ä					Nadelbaum	
	Ä						erfundene Geschichte

15 In dem Gitterrätsel findest du senkrecht und waagerecht 20 Merkwörter mit *ä*. Rahme sie ein.

G	**R**	**Ä**	**T**	**E**	K	X	T	Y	Y	S	Z	G	Ä	H	N	E	N	M
E	Y	Z	M	Ä	R	Z	R	K	M	Ä	H	N	E	X	Y	Z	X	Ä
X	Y	Z	Y	H	Ä	Ä	Ä	Ä	X	G	R	Ä	S	S	L	I	C	H
Ä	H	R	E	N	H	H	N	F	L	E	X	M	Y	Z	X	Y	Z	E
N	Z	Y	X	L	E	X	E	E	Ä	N	X	L	X	Y	Z	X	Y	N
D	Ä	M	L	I	C	H	Y	R	R	X	Y	I	Z	M	X	X	C	Z
E	M	Ä	D	C	H	E	N	Z	M	L	Ä	C	H	E	L	N	Y	Z
R	X	W	Ä	H	R	E	N	D	X	Y	Z	H	X	F	Ä	H	I	G

16 Schreibe die Wörter in der richtigen Groß- und Kleinschreibung auf.

Beispiel: Gräte,

Jetzt habe ich mir eine Pause verdient.

eu oder äu

Merke dir:	**Beispiele:**
Du kannst nicht hören, ob ein Wort mit *eu* oder *äu* geschrieben wird.	
Man schreibt *äu*, wenn es ein verwandtes Wort mit *au* gibt.	*Bäume – Baum, säubern – sauber*
Gibt es kein verwandtes Wort mit *au*, schreibt man meistens *eu*.	*Beule, heute, teuer*

17 In dem Buchstabengitter sind waagerecht elf Wörter mit *eu* und zehn Wörter mit *äu* versteckt. Finde sie und schreibe sie in der richtigen Groß- und Kleinschreibung auf.

S	**Ä**	**U**	**B**	**E**	**R**	**N**	T	Z	E	U	G	N	I	S	Z	M	Ä	U	S	E	P
A	B	E	U	L	E	Q	D	E	U	T	L	I	C	H	B	M	R	Ä	U	M	E
F	E	U	E	R	O	H	E	U	T	E	R	S	S	C	H	N	Ä	U	Z	E	N
Z	S	C	H	E	U	N	E	F	H	Ä	U	F	I	G	W	Q	X	E	E	Y	Z
K	Ä	U	F	E	R	I	H	Ä	U	S	E	R	T	H	E	U	P	P	N	V	B
G	R	Ä	U	L	I	C	H	K	F	R	E	U	E	N	G	L	Ä	U	T	E	N
L	E	U	T	E	S	E	D	E	U	T	S	C	H	Z	T	R	Ä	U	M	E	N

Beispiel: säubern,

18 Finde zu den Wörtern mit *äu* ein verwandtes Wort mit *au*.

Beispiel: säubern – sauber,

19 Ergänze *eu* oder *äu* und finde ein passendes Reimwort in Aufgabe 17.

Geh▽se, Tr▽me, n▽, sch▽en, sch▽men, h▽te, r▽bern, St▽er, ▽le, L▽fer

Beispiel: Gehäuse – Mäuse,

20 Finde zu den fünf Wörtern aus Übung 19 mit *äu* ein verwandtes Wort mit *au*.

Beispiel: Gehäuse – Haus,

Kennst du diesen Zungenbrecher?
Der *Leutnant* von *Leuthen* befahl seinen *Leuten*, nicht eher zu *läuten*, bis der *Leutnant* von *Leuthen* das *Läuten* befahl.

ei oder ai

Merke dir:	**Beispiele:**
Du kannst nicht hören, ob ein Wort mit *ei* oder *ai* geschrieben wird.	
In den meisten Fällen schreibt man *ei*.	*bei, Eimer, leihen, mein, Reise, weinen*
Einige Merkwörter schreibt man mit *ai*.	*Kai, Kaiser, Jamaica, Brotlaib*

21 Löse das *ai*-Rätsel.

Raubfisch	Hai	I H A
Jungenname	....	I K A
5. Monat im Jahr	....	A M I
Gemüse	....	S I M A
Gegenteil von *Fachmann*	....	E L I A
Teil einer Gitarre	....	A T I S E
Fischbrut	....	C L I H A
elternloses Kind	....	S I W A E
Alleinherrscher	....	S I K R E A

22 Schreibe die Sätze in dein Heft und ergänze passend *ei* oder *ai*.

M□ne Schwester macht □ne R□se nach M□land. Cora ist mit L□b und Seele b□ der Arb□t. Schöne M□d, hast du heut' für mich Z□t?

Lerntipp:
Merkwörter kommen in deine Lernkartei. Wie du dir eine Lernkartei basteln kannst, steht in Heft 2 auf S. 15.

Ganz wenige Wörter schreibt man sogar mit *ay*:
den Namen *Kay* und das Bundesland *Bayern*.

b oder p

Merke dir:
Am Anfang eines Wortes oder einer Silbe kannst du deutlich hören, ob *b* oder *p* geschrieben wird.

Beispiele:
Banane, Blume, Brot, Gebäude, geben
Palast, Plakat, prima, geputzt, pumpen

23 Ergänze *b* oder *p* und schreibe die Wortpaare auf.

Einen Koffer muss man ?acken.	–	Einen Kuchen muss man ?acken.
Ein Hund kann ?ellen.	–	Ein Ei kann man ?ellen.
Ein anderes Wort für *Zettel* ist ?latt.	–	Ein anderes Wort für *flach* ist ?latt.
Ein ?ass ist ein Dokument.	–	Ein ?ass ist ein Instrument.
Ein anderes Wort für *Schmerz* ist ?ein.	–	Ein Körperteil ist das ?ein.

backen – packen, ...

....

....

24 Zu einigen Wörtern aus Aufgabe 23 gibt es verwandte Wörter. Ergänze *p* oder *b* und schreibe die Wortfamilien auf.

?aket, Ge?äck, ?lättern, Ge?äck, Herz?latt, ?äcker

25 Wenn du deutlich sprichst, kannst du hören, ob *b* oder *p* fehlt. Schreibe die Sätze auf.

***lutrote *lumen *lühen in voller *racht.**
***reite *retter *rennen in *rasselnden Flammen.**
***unte *allons *latzen *esser.**
***lanke *lechdosen *litzen auf dem *lauen *laneten.**
***londe *räute *laudern auf der *romenade.**

Beispiel: Blutrote Blumen ...

Kennst du ein Wort mit 3 *p* und 2 *b*?
Pappbecherboden

Merke dir:
Am Ende einer Silbe oder eines Wortes hörst du immer *p*, auch wenn *b* geschrieben wird.
Mache die Verlängerungsprobe, dann hörst du, ob *b* oder *p* geschrieben wird.

Beispiele:
beliebt, Liebling, liebst – lieben
hupt, Hupkonzert – hupen

26 In dem Text stehen viele Wörter mit *b*? Markiere die Wörter, in denen *b* wie *p* klingt.

Beate ist sehr strebsam. Sie schreibt jedes Wort, dass der Lehrer sagt, mit Bleistift in ihr Heft. Besonders gerne übt Beate unregelmäßige Verben. Der Lehrer lobt sie dafür und gibt ihr eine Eins in Englisch. Darüber freut sich Beate. Sie hat aber auch ein großes Problem: Beate ist bei ihren Mitschülern nicht sehr beliebt. Niemand möchte neben ihr sitzen oder die Freizeit mit ihr verbringen. Auch in den Pausen tobt Beate nicht mit den anderen auf dem Schulhof, sondern sie sitzt still auf einer Bank und wartet bis es zur nächsten Stunde schellt. Welchen Rat gibst du Beate?

27 Finde zu den markierten Wörtern ein verwandtes Wort, in dem man *b* deutlich hört.

Beispiel: strebsam – streben,

Merke dir:
Manche Wörter werden mit *b* geschrieben, obwohl es kein verwandtes Wort mit hörbarem *b* gibt.
Diese Wörter sind Merkwörter.

Beispiele:
ab, Herbst, Laub, ob

28 In der Wörterschlange findest du acht Merkwörter, bei denen *b* wie *p* klingt. Trenne die Wörter ab und schreibe sie in der richtigen Groß- und Kleinschreibung auf.

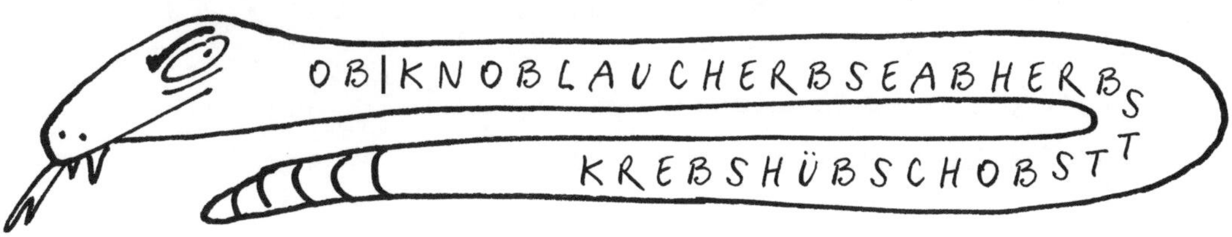

Kannst du erklären, warum man *Stabhochsprung* mit *b* schreibt?

d oder t

Merke dir:
Am Anfang eines Wortes oder einer Silbe kannst du deutlich hören, ob *d* oder *t* geschrieben wird.

Beispiele:
Dach, dann, Decke, Gedeck, Gardine
Tag, Tasche, Tapete, geteilt, Rakete

29 Bringe die Buchstaben in die richtige Reihenfolge und finde die Lösungswörter.

ppiT ◆ ednE ◆ retieL ◆ etnE ◆ etieW ◆ ppiD ◆ hcieD ◆ neknad ◆ edieW ◆ hcieT ◆ neknat ◆ rediel

Schwimmvogel	–	Schluss
Ente		....
Gegenteil von *bitten*	–	Benzin nachfüllen
....		....
kleiner See	–	Wasserhindernis
....		....
Hinweis	–	Soße zum Tunken
....		....
dummerweise	–	Steiggerät
....		....
Gegenteil von *Enge*	–	Wiese für Tiere
....		....

30 Markiere *d* und *t* jeweils mit einer anderen Farbe.

Tatendurstig werde ich auch *die nächsten Seiten durcharbeiten*.

S. 3/1 HUND – BLÜHEN – QUAKEN – HÄSSLICH – BRENNEN – FEUER – HAHN – KRÄHEN – GEFÄHRLICH – BLUME – BELLEN – SCHÖN – FROSCH – STOLZ

S. 3/2 Nomen: Hund, Feuer, Hahn, Blume, Frosch – Verben: blühen, quaken, brennen, krähen, bellen – Adjektive: hässlich, gefährlich, schön, stolz

S. 3/3 Der gefährliche Hund bellt. – Die schöne Blume blüht. – Der hässliche Frosch quakt. – Der stolze Hahn kräht.

S. 4/4 **wein**en, s**topf**en, an**fass**en, t**ast**en, sch**affe**n, Ver**dach**t, verm**eid**en, auf-**pass**en, w**ähre**nd, w**ehre**n, t**eil**en (**teil**en), t**rock**nen, sch**witz**en, sch**neid**en, p**rüge**ln, **krach**en (k**rachen**), l**eis**e, ge**stern**, gl**aub**en (g**laube**n), g**rabe**n, h**eule**n, b**rat**en

S. 4/5 Lebewesen: der Affe, der Rabe, die Eule – Dinge: der Wein, der Topf, der Ast, das Dach, der Pass, die Ähre, das Teil, der Rock, der Rachen, das Eis, der Stern, das Laub, die Laube – abstrakte Begriffe: der Eid, die Ehre, die Eile, der Witz, der Neid, die Rüge, der Krach, der Rat

S. 5/6 Nomen mit *-nis*: Finsternis, Erlaubnis, Ärgernis, Geheimnis – Nomen mit *-heit*: Frechheit, Freiheit, Schönheit – Nomen mit *-keit*: Gemütlichkeit, Ewigkeit, Sauberkeit – Nomen mit *-schaft*: Verwandtschaft, Wissenschaft, Bekanntschaft – Nomen mit *-ung*: Befreiung, Spannung, Hoffnung

S. 6/7+8 parken – **das Parken**, grillen – **das Grillen**, singen – **das Singen**, aufhängen – **das Aufhängen**, bemalen – **das Bemalen**, abstellen – **das Abstellen**, betreten – **das Betreten**, bellen – **das Bellen**, lachen – **ein Lachen**, schreien – **ein Schreien**

S. 7/9+10 zum (= zu dem) Ausreiten, beim (= bei dem) Putzen, zum (zu dem) Ändern, vom (= von dem) Nähen, im (=in dem) Rechnen, beim (= bei dem) Üben

S. 7/11 zum Fernsehen … Vom vielen Lernen … im Sitzen oder im Stehen ... beim Spielen … Am Essen …

S. 7/12 „Ihr dürft im Museum kein Bild berühren“, warnte die Lehrerin. – „Beim Berühren wird nämlich die Alarmanlage ausgelöst.“ – „Ich fürchte mit meiner neuen Brille sehe ich zum Fürchten aus“, seufzte Gina.

S. 8/13+14 … sein **S**chnarchen … Dein **L**ärmen …ihr **W**irken …unser nächstes **T**reffen

S. 8/15+16 z. B. lautes **S**chreien – helles **L**euchten – regelmäßiges **Ü**ben – sorgfältiges **A**bschreiben – wütendes **B**ellen – ständiges **S**treiten

S. 9/17 lieb, lang, golden, schwer, weltberühmt, furchtlos, schwindelfrei, besonders, bekannt, lustig

S. 9/18 … die Schöne … der Starke … der Dumme

S. 10/19+20 im Dunkeln tappen, sich im Klaren über etwas sein, das Weite suchen, ins Blaue fahren, im Freien übernachten, im Großen und Ganzen, eine Sache zum Guten wenden, seine Schäfchen ins Trockene bringen, aus dem Vollen schöpfen, ins Schwarze treffen, ins Reine schreiben

S. 10/21 Für dich werde ich mir als Geschenk etwas **B**esonderes überlegen. – „Unser **G**roßer macht jetzt Abitur“, erklärt Vater stolz. – Wenn Mutter abnehmen will, darf sie nichts **S**üßes essen. – Ich wünsche dir alles **L**iebe und **G**ute zum Geburtstag. – Du musst viel **f**risches Gemüse essen. – Kennst du den Film *Die Schöne und das Biest*? – Wir werden unser **B**estes geben.

S. 10/22 etwas Besonderes, unser Großer, nichts Süßes, alles Liebe und Gute, die Schöne, unser Bestes

S. 11/23 Das Rote Kreuz ist eine Hilfsorganisation. – Die Erde wird auch der Blaue Planet genannt. – Der amerikanische Präsident wohnt im Weißen Haus. – Die Grauen Panther vertreten die Interessen älterer Menschen. – Die Schwarze Witwe ist eine giftige Spinnenart.

S. 11/24 Der Schiefe Turm von Pisa … einen schiefen Mund …den Großen Wagen …das große Los … sein altes Auto … das Alte Testament

S. 12/25 … jetzt … einige Tage … anfangs … jetzt … jeden Tag … Am Mittwochmorgen … mittwochs … Heute Mittag … morgen Abend … täglich …Letzte Nacht … über Nacht … jahrelang … jetzt …nächste Woche

S. 12/26 der Morgen: am Mittwochmorgen – der Mittag: heute Mittag –
der Abend: morgen Abend – der Tag: einige Tage, jeden Tag, täglich –
die Nacht: letzte Nacht, über Nacht

S.13/27 … Sie … Ihnen … Ihre … Ihrem … Ihnen … Ihr …
… deine … du … du dich … ihr … … ihr euch … dir dein

S.13/28 Lieber Paul, wie du weißt, habe ich dir letzte Woche ein Angebot zugeschickt. Gerne würde ich dazu deine Meinung hören. Ich habe bereits mit deinem Kollegen gesprochen, aber der konnte mir keine Auskunft geben. Ich würde mich freuen, bald von dir zu hören. Herzliche Grüße, dein Werner.

Lerntest
S. 14/1 … **g**ute Besserung … nichts **G**utes … Bis **m**orgen... zum **G**uten …
Die **F**ahrt... eine **g**ute Stunde … sein **L**achen … jeden **M**ittag... lautes **L**achen … **l**achen oder weinen … beim **L**achen … **g**oldene Hochzeit … **S**chwarze Witwe … Haben **S**ie **s**ie...

S. 14/2 nichts Gutes, zum Guten, sein Lachen, lautes Lachen, beim Lachen

S. 15/1+2 Fälle – Felle, Laib – Leib, Kreis – Greis, singt – sinkt, Gepäck – Gebäck, Rat – Rad, Achsel – Axel, Häute – heute, fiel – viel

S. 16/3 Apfel – Äpfel, Ball – Bälle, Dach – Dächer, Glas – Gläser, Hand – Hände, Schrank – Schränke, Bank – Bänke, Zahn – Zähne, Rad – Räder

S. 16/4+5 der Strand – die Strände, der Schlag – die Schläge, der Saft – die Säfte, der Sack – die Säcke, der Gast – die Gäste, der Draht – die Drähte, der Arzt – die Ärzte, der Satz – die Sätze, das Land – die Länder, der Kran – die Kräne

S. 17/6 blasen, braten, fahren, schlafen, fallen, fangen, graben, halten, lassen, raten, tragen, waschen

S. 17/7 Er wäscht sich. – Oma schläft. – Er gräbt. – Es brät. – Sie fährt. – Er fällt.

S. 17/8 blasen – es bläst, fangen – sie fängt, halten – du hältst, lassen – sie lässt, raten – du rätst, tragen – sie trägt, waschen – er wäscht

S. 17/9 schälen – die Schale, hängen – der Hang, wählen – die Wahl, rächen – die Rache, fällen – der Fall, kämpfen – der Kampf, nähen – die Naht, – quälen – die Qual, zählen – die Zahl, ernähren – die Nahrung

S. 18/10 Angst – ängstlich, Pracht – prächtig, Schaden – schädlich, Mann – männlich, Verrat – verräterisch, Klage – kläglich, Glanz – glänzend, Macht – mächtig, Tag – täglich, Gefahr – gefährlich, Kampf – kämpferisch, Land – ländlich

S. 18/11 alt – älter, kalt – kälter, arm – ärmer, hart – härter, krank – kränker, lang – länger, nass – nasser/nässer, scharf – schärfer, stark – stärker, nah – näher

S. 18/12 Der Händler fegt seinen Laden. – Die Sängerin schmettert eine Arie. – Der Bäcker knetet den Teig. – Der Jäger klettert auf seinen Hochsitz. – Ina näht die Ärmel in die Bluse. – Ich schätze Max älter als 13.

S. 18/13 Händler – handeln, Sängerin – Gesang, Bäcker – backen, Jäger – jagen nähen – Naht, Ärmel – Arm, schätzen – Schatz, älter – alt

S. 19/14 linkes Treppenrätsel: Bär, spät, Gerät, schräg
rechtes Treppenrätsel: Käse, Käfig, Lärche, Märchen

S. 19/15+16 waagerecht: Gräte, gähnen, März, Mähne, grässlich, Ähre, dämlich, Mädchen, lächeln, während, fähig
senkrecht: ähnlich, Krähe, zäh, Träne, Käfer, Lärm, sägen, nämlich, mähen

S. 20/17 Wörter mit *äu*: säubern, Mäuse, Räume, schnäuzen, häufig, Käufer, Häuser, gräulich, läuten, träumen
Wörter mit *eu*: Zeugnis, Beule, deutlich, Feuer, Heute, Euter, Scheune, Heu, freuen, Leute, deutsch

S. 20/18 s**äu**bern – s**au**ber, M**äu**se – M**au**s, R**äu**me – R**au**m, schn**äu**zen – Schn**au**-ze, h**äu**fig – H**au**fen, K**äu**fer – k**au**fen, H**äu**ser – H**au**s, gr**äu**lich – gr**au**, l**äu**ten – l**au**t, tr**äu**men – Tr**au**m

S. 20/19 Geh**äuse** – Mäuse, Tr**äume** – Räume, n**eu** – Heu, sch**eu**en – freuen, sch**äu**men – träumen, h**eu**te – Leute, r**äu**bern – s**äu**bern, St**eu**er – Feuer, **Eu**le – Beule, L**äu**fer - Käufer

S. 20/20 Geh**äuse** – H**aus**, Tr**äume** – Tr**aum**, sch**äu**men – Sch**au**m, r**äu**bern – R**au**b, L**äu**fer – l**au**fen

S. 21/21 Hai, Kai, Mai, Mais, Laie, Saite, Laich, Waise, Kaiser

S. 21/22 M**ei**ne Schwester macht eine R**ei**se nach M**ai**land. – Cora ist mit L**ei**b und Seele b**ei** der Arb**ei**t. – Schöne M**ai**d, hast du heut' für mich Z**ei**t?

S. 22/23 Einen Koffer muss man **p**acken. – Einen Kuchen muss man **b**acken.
Ein Hund kann **b**ellen. – Ein Ei kann man **p**ellen.
Ein anderes Wort für *Zettel* ist **B**latt. – Ein anderes Wort für *flach* ist **p**latt.
Ein **P**ass ist ein Dokument. – Ein **B**ass ist ein Instrument.
Ein anderes Wort für *Schmerz* ist **P**ein. – Ein Körperteil ist das **B**ein.

S. 22/24 **P**aket, Ge**p**äck, **b**lättern, Ge**b**äck, Herz**b**latt, **B**äcker

S. 22/25 **B**lutrote **B**lumen **b**lühen in voller **P**racht. – **B**reite **B**retter **b**rennen in **p**rasselnden Flammen. – **B**unte **B**allons **p**latzen **b**esser. – **B**lanke **B**lechdo-sen **b**litzen auf dem **B**lauen **P**laneten. – **B**londe **B**räute **p**laudern auf der **P**romenade.

S. 23/26 … <u>stre**b**sam</u> … <u>schrei**b**t</u> … <u>ü**b**t</u> … <u>lo**b**t</u> … <u>gi**b**t</u> … <u>belie**b**t</u> … <u>to**b**t</u> … <u>gi**b**st</u>

S. 23/27 stre**b**sam – stre**b**en, schrei**b**t – schrei**b**en, ü**b**t – ü**b**en, lo**b**t – lo**b**en, gi**b**t ge**b**en, belie**b**t – lie**b**er, to**b**t – to**b**en

S. 23/28 ob, Knoblauch, Erbse, ab, Herbst, Krebs, hübsch, Obst

S. 24/29+30 Ente – En**d**e, **d**anken – **t**anken, **T**eich – **D**eich, **T**ipp – **D**ipp, lei**d**er – Leiter, Weite – Wei**d**e

S. 25/31+32 Hun**d** – Hun**d**e, Mun**d** – Mün**d**er, gesun**d** – gesün**d**er, Grun**d** – Grün**d**e, Sala**t** – Sala**t**e, Ta**t** – Ta**t**en, Ra**t** – ra**t**en, Plaka**t** – Plaka**t**e, Bil**d** – Bil**d**er, Schil**d** – Schil**d**er, mil**d** – mil**d**er, wil**d** – wil**d**er, Elefan**t** – Elefan**t**en, Musikan**t** – Musikan**t**en, brisan**t** – brisan**t**er, pikan**t** – pikan**t**er, Han**d** – Hän**d**e, Stran**d** – Strän**d**e, San**d** – san**d**ig, Ran**d** – Rän**d**er, Win**d** – win**d**ig, Kin**d** – Kin**d**er, Rin**d** – Rin**d**er, blin**d** – Blin**d**e, Hal**t** – hal**t**en, kal**t** – käl**t**er, Gestal**t** – Gestal**t**en, Gewal**t** – gewal**t**ig

S. 25/33	Lie**d** – Lie**d**er, aben**ds** – Aben**d**e, Verbo**t** – verbie**t**en, Wu**t** – wü**t**en, Freiba**d** – ba**d**en, Bran**d** – Brän**d**e, Fahr**t** – Fahr**t**en, Elen**d** – elen**d**ig, Gol**d** – gol**d**ig, frie**d**lich – Frie**d**en, schä**d**lich – scha**d**en, Lei**d** – lei**d**en
S. 25/34	entzückende Klei**d**er, bun**t**e Hem**d**en, fliegen**d**e Hü**t**e, brennen**d**e Wäl**d**er, run**d**e Rä**d**er, frem**d**e Län**d**er, atemberauben**d**e Gegen**d**en, dampfen**d**e Pfer**d**e
S. 26/35	Wer isst schon **g**ern eine Kirsche mit **K**ern? – Das Kind in der **K**rippe bekommt eine **G**rippe. – Die ganze **K**lasse wartet am Ende der **G**asse. – Oma spielt gerne **K**arten, besonders in Nachbars **G**arten.
S. 26/36	flie**g**en: Der Vogel fliegt. – spu**k**en: Das Gespenst spukt. – ja**g**en: Der Jäger jagt. – predi**g**en: Der Pfarrer predigt. – blö**k**en: Das Schaf blökt. – wel**k**en: Die Blume welkt. – qua**k**en: Der Frosch quakt.
S. 27/37+38	sa**g**t – sagen, kla**g**t – klagen, fra**g**t – fragen, hin**k**t – hin**k**en, sin**k**t – sin**k**en, win**k**t – win**k**en, le**g**t – legen, fe**g**t – fegen, he**g**t – hegen, den**k**t – den**k**en, len**k**t – len**k**en, schen**k**t – schen**k**en, ran**k**t – ran**k**en, zan**k**t – zan**k**en, wan**k**t – wan**k**en, sin**g**t – sin**g**en, rin**g**t – rin**g**en, brin**g**t – brin**g**en
S. 27/39	Köni**g**, Köni**g**e, köni**g**lich – klü**g**er, klu**g**, Klu**g**heit – abzwei**g**en, Zwei**g**, Zwei**g**e – re**g**nen, Re**g**en, re**g**nerisch – gestär**k**t, star**k**, Stär**k**e
S. 27/40+41	Bergstei**g**er – Ber**g**e, Absti**eg** – abstei**g**en, Sonnta**g** – Sonnta**g**e, Zu**g** – Zü**g**e, We**g** – We**g**e
S. 28/42	<u>Wörter mit *F/f*:</u> hilft, verzweifelt, Nachhilfelehrer, frische, greifen, für, Freizeitheim – <u>Wörter mit *V/v*:</u> verzweifelt, vom, liebevolle, Nerven – <u>Wörter mit *Pf/pf*:</u> pflücken, Pflaumen, Pfirsiche – <u>Wörter mit *Ph/ph*:</u> Physik
S. 28/43	Kater – **V**ater, Tisch – **F**isch, Mütze – **Pf**ütze, Teilchen – **V**eilchen, Wetter – **V**etter, Seife – **Pf**eife, zücken – **pf**lücken, Rest – **F**est, Zorn – **v**orn, Herd – **Pf**erd, Ziel – **v**iel, lassen – **f**assen
S. 29/44	<u>Wörter mit *Ver-*:</u> Vergehen, Verrat, Vertrauen, Versammlung – <u>Wörter mit *ver-*:</u> vergeben, vertragen, verschlagen, verkehren, versetzen, verspielen, verreisen, verbrauchen, versprechen, verbieten, vertrauen – <u>Wörter mit *Vor-*:</u> Vorteil, Vorgehen, Vorrat, Vormittag, Vorsilbe, Vorsicht – <u>Wörter mit *vor-*:</u> vorgeben, vortragen, vorschlagen, vorgehen, vorsetzen, vorspielen, vorsprechen, vorbereiten
S. 29/45	Karne**v**al, **V**anille, Kur**v**e, **V**ase, **V**okabel
S. 29/46	**V**okal, **V**erb, **V**illa, No**v**ember, Ad**v**ent, Kla**v**ier, Uni**v**ersität
S. 30/47	<u>waagerecht:</u> Luxus, Taxi, Explosion, Axt, Nixe, mixen, Examen, Textilien <u>senkrecht:</u> Luxemburg, Fax, Praxis, Hexe, boxen, exakt, fix, Lexikon, kraxeln
S. 30/48	Lösungswort: x-Laut-Experte

S. 31/49 se**ch**s, Wa**ch**s, Bü**ch**se, we**ch**seln, A**ch**se, Sa**ch**sen, Lu**ch**s, Fu**ch**s, Da**ch**s, O**ch**se, La**ch**s

S. 31/50
1. wa**ch**sen, Gewä**ch**shaus, erwa**ch**sen, Wa**ch**stum
2. abwe**ch**selnd, Briefwe**ch**sel, verwe**ch**seln
3. nä**ch**ste, demnä**ch**st, zunä**ch**st

S. 32/51+52 Heringssalat – Heringe, Glücksklee – glücken, jüngste - jünger, Linksabbieger – linke, sonntags – Tage, unterwegs – Wege, Mitbringsel – bringen

S. 32/53 Frühstü**ck**en … Singen … Fliegen … Trin**k**en … Den**k**en … schre**ck**en …

S. 32/53 Frühstü**ckst** du am liebsten im Bett? – Sin**gst** du unter der Dusche? – Flie**gst** du gern? – Trin**kst** du viel Limonade? – Den**kst** du viel über deine Zukunft nach? – Wovor schre**ckst** du zurück?

S. 32/54 lü**gst** – lü**g**en, gu**ckst** – gu**ck**en, we**ckst** – we**ck**en, lie**gst** – lie**g**en, schen**kst** – schen**k**en, stei**gst** – stei**g**en, schi**ckst** – schi**ck**en, le**gst** ab – able**g**en, fli**ckst** – fli**ck**en

Lerntest

S. 34/1 Des K**ai**sers n**eu**e Kl**ei**der – Rotk**ä**ppchen – H**ä**nsel und Gr**e**tel – Der T**eu**fel mit den dr**ei** goldenen Haaren

S. 34/2 Horosko**p** … Anfang … gi**b**t … wenig … Jeman**d** … Weg … San**d** …

S. 43/3 … He**x**en … Lu**ch**s … sonnta**gs** … Frühstü**cks**ei …Den**ks**t …

S. 35/1 Er könnte Lambada tanzen, Eis essen, Skateboard fahren, Vokabeln lernen, Musik hören, Essen kochen, Fenster putzen, Karten schreiben.

S. 36/2 … Fleisch fressende … Furcht erregende … Alarm schlagen ... Angst einflößende … Hilfe suchend … Unheil bringendes …Gefahr laufen …

S. 36/3+4 Feuer speiend, Diät halten, Gewinn bringend, Kopf stehen, Pleite gehen

S. 36/5 Ein Drache ist ein Feuer speiendes Ungeheuer. – Iris muss Diät halten. – Das war ein Gewinn bringendes Geschäft. – Weil 100 Gäste erwartet wurden, stand das ganze Haus Kopf. – Unser Nachbar ist mit seiner Firma Pleite gegangen.

S. 37/6+7 … sitzen bleiben … kennen lernen … getrennt schreiben … spazieren gehen … bestehen bleiben

S. 37/8 sehr braun gebrannt – heller leuchtend – sehr fein gemahlen – sehr weit gereist – ganz lieb haben – sehr blond gelockt – dünner besiedelt – ganz fett drucken – sehr übel nehmen

S. 38/9 auswendig lernen, übrig bleiben, gründlich säubern, lästig fallen, fertig machen

S. 38/10 Morgen werden wir festlegen, wer den Tafeldienst übernimmt. - Sarah trug zum Schulfest ein (sehr) bunt gestreiftes Kleid. - Der Film wird dir (sehr) nahe gehen. - Wir werden die nächste Stunde blaumachen. - Ich darf nicht schwarzfahren, sagt meine Mutter.

Lerntest

S. 40/1 z. B. Beim Grillen hat Mutters Kleid Feuer gefangen. - Daria wandte sich Rat suchend an einen Polizisten. - Du wirst in der neuen Stadt bestimmt schnell Fuß fassen. - Bei schönem Wetter werde ich Rad fahren.

S. 40/2 fest kochen, blaumachen, weit gereist, hell leuchtend, allein erziehend, auswendig lernen, fernsehen, übrig bleiben

S. 40/3 … ~~sitzenbleiben~~/sitzen bleiben … großschreiben/~~groß schreiben~~
…breitschlagen/~~breit schlagen~~ …~~leichtfallen~~/leicht fallen
… ~~spazierengehen~~/spazieren gehen … ~~schiefgehen~~/ schief gehen
… ~~richtigstellen~~/richtig stellen … dichthalten/~~dicht halten~~ …

S. 41/1 Ich komme morgen um drei Uhr am Flughafen an. Mein Gepäcks ist sehr schwer. Kannst du mich abholen? Ich warte in der Halle auf dich. Bitte sei pünktlich!

S. 42/2 Du brauchst 300 g Butter oder Margarine, 3 Eier, 1 Prise Salz, 150 g Zucker, 1 Pk. Vanillinzucker, 200 g Mehl, 100 g Speisestärke, 1/4 l Orangensaft und Öl oder Speckschwarte zum Ausfetten des Waffeleisens.

S. 42/3 Zuerst musst du die weiche Butter oder Margarine schaumig rühren. Danach werden Eier, Salz und Zucker nach und nach untergerührt. Dann musst du das gesiebte Mehl, die Speisestärke und den Orangensaft hinzufügen und gut verrühren. Danach kannst du den Teig löffelweise in das heiße ausgefettete Eisen geben, goldbraune Waffeln backen und es dir schmecken lassen.

S. 43/4 Meike hat ein Pony geschenkt bekommen, **aber** sie kann nicht reiten. – Jens macht sich eine heiße Milch mit Honig, **denn** er hat starke Halsschmerzen. – Silke holt den Schlitten aus dem Keller **und** wir packen die Koffer ins Auto. – Sollen wir uns eine Pizza backen **oder** möchtest du lieber Salat essen? – Tante Maria hat mir eine CD geschenkt, **aber** ich mag keine Volksmusik. – Es hat seit drei Wochen nicht geregnet **und** alle Blumen sind vertrocknet. – Hör endlich mit dem Geschrei auf **oder** ich werde böse! – Die Nachbarn haben sich beschwert, **denn** die Musik war zu laut.

S. 43/5 Meine Eltern fahren nach Italien und wir fahren zum Zelten an den Baggersee. – Ich esse gerne Kuchen, und Eis schmeckt mir auch sehr gut. –

Möchtest du dich in die Sonne setzen oder sollen wir besser im Schatten bleiben? – Der Tierwärter füttert die Löwen, und die Kinder sehen gespannt zu. – Möchtest du noch arbeiten, oder spielen wir erst ein bisschen?

S. 44/6 Unsere Mannschaft wird Pokalsieger, **wenn** sie dieses Spiel gewinnt. **Obwohl** es in Strömen regnete, war das Stadion bis auf den letzten Platz ausverkauft. Es gab riesige Beifallsstürme, **als** die Spieler auf den Rasen liefen. **Nachdem** die Zuschauer Platz genommen hatten, pfiff der Schiedsrichter das Spiel an. **Als** ein Spieler am Boden liegen blieb, unterbrach der Schiedsrichter das Spiel. Einige Zuschauer begannen zu pfeifen, **obwohl** es kein Foul gegeben hatte. Unser Stürmer musste ausgewechselt werden, **weil** er sich verletzt hatte. Alle hoffen, **dass** er beim nächsten Spiel wieder dabei sein kann.

S. 44/7 Das Diktat, **das** wir gestern geschrieben haben, war sehr schwierig. – Die beste Freundin, **die** ich habe, heißt Katrin. – Mein Fahrrad, **das** ich immer am Zaun angekettet habe, ist gestohlen worden. – Meine Oma backt den leckersten Kuchen, **den** ich jemals gegessen habe.

S.45/8 Nick fragt: „Was sollen wir bei diesem Wetter nur machen?“ - „Was sollen wir bei diesem Wetter nur machen?“, fragt Nick.
Laura ruft: „Bei diesem Regen kriegen mich keine zehn Pferde vor die Tür!“ - „Bei diesem Regen kriegen mich keine zehn Pferde vor die Tür!“, ruft Laura.
Linda sagt: „Es gibt kein schlechtes Wetter, sondern nur falsche Kleidung.“ - „Es gibt kein schlechtes Wetter, sondern nur falsche Kleidung“, sagt Linda.
Tanja sagt: „Ich finde, wir sollten lieber Scrabble spielen.“ - „Ich finde, wir sollten lieber Scrabble spielen“, sagt Tanja.

S. 45/9 „Seit ich einen kleinen Hund habe“, sagt Sonja, „gehe ich gerne spazieren.“
„Möchtest du ein Eis haben“, fragt Vater, „oder hast du noch Bauchschmerzen?“
„Wenn wir den Wecker auf acht Uhr stellen“, meint Tobias, „werden wir pünktlich sein.“

Lerntest S.46 „Ich habe eine Neuigkeit für euch, über die ihr bestimmt sehr erfreut sein werdet“, sagt die Lehrerin feierlich. „Wir werden einen Ausflug ins Landschulheim machen.“ Aufgeregt reden die Kinder durcheinander, denn es ist ihre erste große Klassenfahrt, die sie gemeinsam machen. Nachdem wieder Ruhe eingekehrt ist, werden die ersten Pläne geschmiedet. Bald stehen eine Kissenschlacht, eine Nachtwanderung, ein Grillabend und eine Schnitzeljagd auf dem Programm. Daniela fragt: „Werden wir mit dem Bus fahren oder nehmen wir den Zug?“ „Wir fahren mit dem Zug“, sagt die Lehrerin. „Super!“, ruft Thorsten. „Mein Vater ist nämlich Lokführer und vielleicht hat er ja an dem Tag Dienst.“

Merke dir:
Am Ende einer Silbe oder eines Wortes hörst du immer *t*, auch wenn *d* geschrieben wird.
Mache die Verlängerungsprobe, dann hörst du, ob *d* oder *t* geschrieben wird.

Beispiele:
Aufwand – aufwändig, Lied – Lieder, Ratschlag, rätst – raten

31 Ergänze *d* oder *t*, so dass Reimwörter entstehen.

Hund	**Salat**	**Bild**	**Elefant**	**Hand**	**Wind**	**Halt**
Mun..d...	Ta......	Schil......	Musikan......	Stran......	Kin......	kal......
gesun......	Ra......	mil......	brisan......	San......	Rin......	Gestal......
Grun......	Plaka......	wil......	pikan......	Ran......	blin......	Gewal......

32 Finde zu jedem Wort ein verwandtes Wort, bei dem du *d* oder *t* deutlich hörst.

Beispiel: Hund – Hunde,

33 Ergänze in den Wortpaaren *d* oder *t*.

Lied	– Lieder	Freiba......	– ba......en	Gol......	– gol......ig
aben......s	– Aben......e	Bran......	– Brän......e	frie......lich	– Frie......en
Verbo......	– verbie......en	Fahr......	– Fahr......en	schä......lich	– scha...... en
Wu......	– wü......en	Elen......	– elen......ig	Lei......	– lei......en

34 Bilde Ausdrücke, bei denen du deutlich hörst, ob *d* oder *t* geschrieben wird.

entzücken? Klei? ♥ bun? Hem? ♥ fliegen? Hu? ♥ brennen? Wal? ♥ run? Ra? ♥ frem? Lan? ♥ atemberauben? Gegen? ♥ dampfen? Pfer?

Beispiel: entzückende Kleider,

Wer nichts wird, wird Wirt.
Ein dummer Spruch, aber kannst du die Schreibung erklären?

g oder k

Merke dir:
Am Anfang eines Wortes oder einer Silbe kannst du deutlich hören, ob *g* oder *k* geschrieben wird.

Beispiele:
Fragen, Garten, gerne, gut, Regen, Katze, Kind, kurz, Schränke, Wolke

35 Ergänze die Anlaute *G/g* oder *K/k*.

Wer isst schon gern eine Kirsche mit .....ern? – Das Kind in der .....rippe bekommt eine .....rippe. – Die ganze .....lasse wartet am Ende der .....asse. – Oma spielt gerne .....arten, besonders in Nachbars .....arten.

36 Wer macht was? Ergänze in den Verben *g* oder *k* und schreibe sinnvolle Sätze auf.

Beispiel: Der Vogel fliegt.

Lerntipp:
Hat ein Verb im Infinitiv ein *g*, schreibt man alle Personalformen auch mit *g*.
Hat ein Verb im Infinitiv ein *k*, schreibt man alle Personalformen auch mit *k*.

Welches Geräusch mache ich eigentlich?
Gurren, gackern, knurren, kläffen...??

Merke dir:
Am Ende einer Silbe oder eines Wortes hörst du immer *k*, auch wenn *g* geschrieben wird.
Mache die Verlängerungsprobe, dann hörst du, ob *g* oder *k* geschrieben wird.

Beispiele:
genug – genügen, hängt – hängen, legt – legen, Weg – Wege
Bank – Bänke, stark – Stärke

37 In jeder Spalte fehlt *g* oder *k*. Bilde den Infinitiv und ergänze richtig.

sagt	hin.....t	le.....t	den.....t	ran.....t	sin.....t
kla.....t	sin.....t	fe.....t	len.....t	zan.....t	rin.....t
fra.....t	win.....t	he.....t	schen.....t	wan.....t	brin.....t

38 Schreibe die Verben aus Aufgabe 37 mit ihrem Infinitiv auf.

Beispiel: er sagt – sagen,

39 Hier sind fünf Wortfamilien durcheinander geraten. Ergänze *g* oder *k* und schreibe die Wortfamilien auf.

Köni△, klü△er, abzwei△en, Köni△e, re△nen, Zwei△, klu△, gestär△t, star△, Klu△heit, Stär△e, Re△en, köni△lich, Zwei△e, re△nerisch

40 In den Sätzen sind fünf Fehler enthalten. Markiere sie.

Die Berksteiger begannen ihren gefährlichen Abstiek. – Nächsten Sonntak ist Flohmarkt. Der Zuk kam zum Glück pünktlich. – Der Wek ist für Traktoren gesperrt.

41 Finde zu den als falsch markierten Wörtern ein Wort, bei dem du *g* oder *k* deutlich hörst. Schreibe die Wortpaare richtig in dein Heft.

Beispiel: Bergsteiger – Berge,

Lerntipp:
Wenn du kein verwandtes Wort mit *g* findest, schreibt man meistens *k*.
Aber: *begegnen, Honig, Metzger, möglich, weg*

Aufgepasst!
Die Nachsilbe *-ung* wird immer mit *g* geschrieben.
Achtung, Beleidigung, Heizung, Reinigung...

f-Laute: f – v – pf – ph

Merke dir:	**Beispiele:**
Es gibt verschiedene Möglichkeiten, den Laut *f* zu schreiben:	
◆ mit *f* (häufigste Schreibweise),	*fassen, Finger, Gefühl, greifen*
◆ mit *pf,*	*gepflegt, Pferd, pflanzen, Pfütze*
◆ mit *v,*	*bevor, brav, Vater, Vertrauen*
◆ mit *ph* (Fremdwörter).	*Alphabet, Physik*

42 In den Anzeigen findest du viele Wörter mit dem Laut *f.* Ordne sie in einer Tabelle nach solchen mit *F/f*, mit *V/v*, mit *Pf/pf* und *Ph/ph*.

Wer hilft mir
beim Pflücken von
40 Kilo Pflaumen?

Verzweifelt
Nachhilfelehrer für Physik
gesucht!

Frische Pfirsiche
direkt vom Bauern
Greifen sie zu!

Liebevolle Betreuerin mit starken Nerven und Humor für Freizeitheim gesucht.

43 Finde zu folgenden Wörtern ein Reimwort indem du *F/f, Pf/pf* oder *V/v* ergänzt.

Kater	**Tisch**	**Mütze**	**Teilchen**	**Wetter**	**Seife**
Vater	...isch	...ütze	...eilchen	...etter	...eife
zücken	**Rest**	**Zorn**	**Herd**	**Ziel**	**lassen**
...lücken	...est	...orn	...erd	...iel	...assen

Lerntipp:
Die meisten Fremdwörter mit *Ph/ph* kannst du auch mit *F/f* schreiben.
Delphin – Delfin, Phantasie – Fantasie, Photographie – Fotografie
aber: *Atmosphäre, Philosophie, Physik*

Gestern *fiel* ich vom Seil, aber zum Glück habe ich mir nicht *viel* getan.

Merke dir:
Die Vorsilben *Ver-/ver-* und *Vor-/vor-* werden immer mit *v* geschrieben.

Beispiele:
verbringen, verstehen, Versuch
vorbei, vorfahren, Vorsicht

44 Bilde aus den Wortbausteinen möglichst viele Wörter.

Ver **ver** **Vor** **vor**

geben Teil tragen schlagen gehen kehren setzen spielen reisen Rat
Mittag brauchen Silbe sprechen Sicht bieten trauen Sammlung bereiten

Beispiel: vergeben,

Merke dir:
In einigen Fremdwörtern wird *V/v* auch wie *w* gesprochen.

Beispiele:
Kurve, privat, Virus, Vokabel

45 In welchen Wörtern wird *V/v* wie *w* gesprochen? Markiere sie.

brav ◆ Karneval ◆ Volk ◆ Vanille ◆ Kurve ◆ Vieh ◆ Vase ◆ Vokabel ◆ Vogel

Alle Rätselwörter schreibt man mit *V/v*, das wie *w* gesprochen wird. Finde sie.

anderes Wort für Selbstlaut: _ _ _ _ _

anderes Wort für Tuwort: _ _ _ _

prachtvolles Haus: _ _ _ _ _

Monatsname: _ _ _ _ _ _ _ _

Vorweihnachtszeit: _ _ _ _ _ _

Tasteninstrument: _ _ _ _ _ _ _

Hochschule: _ _ _ _ _ _ _ _ _ _ _

Wenn du vergessen hast wie man *Karneval* schreibt,
dann schreib doch einfach *Fasching*.

x-Laute: x – ks – gs – cks – chs

Merke dir:
Es gibt verschiedene Möglichkeiten, den Laut *x* zu schreiben:

- mit *x* (Merkwörter),
- mit *chs* (Merkwörter),
- mit *gs* (Merkwörter und Ableitungen),
- mit *ks* (Merkwörter und Ableitungen),
- mit *cks* (Ableitungen).

Beispiele:

Box, extra, feixen, Max
Achsel, Echse, nächste, wachsen
allerdings, flugs, montags
Keks, links, stinkst
Glückstreffer, Knicks, schluckst

47 Löse das *x*-Rätsel.

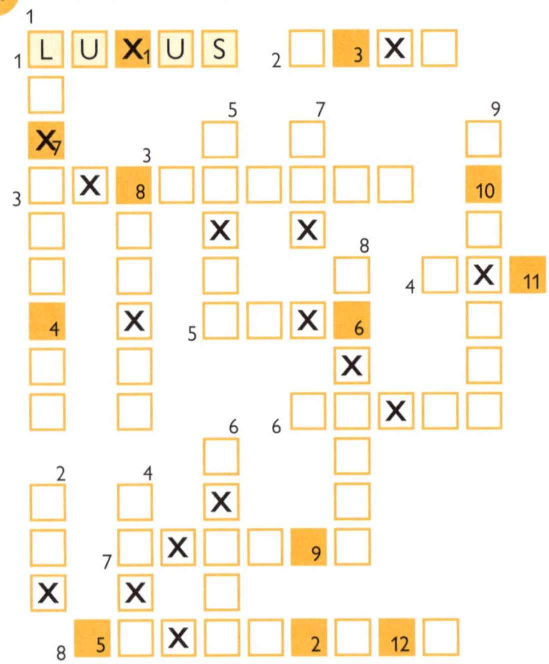

waagerecht:
1 hoher Lebensstandard
2 Mietauto
3 Detonation
4 Beil
5 Meerjungfrau
6 mischen
7 Abschlussprüfung
8 Kleidungsstücke

senkrecht:
1 Land
2 schriftliche Mitteilung über Telefonleitung
3 Arbeitsraum für Ärzte
4 böse Zauberin
5 mit Fäusten kämpfen
6 genau
7 schnell
8 Nachschlagewerk
9 klettern

48 Wenn du das *x*-Rätsel gelöst hast, bist du ein: __ - __ __ __ __ - __ __ __ __ __ __ __
1 2 3 4 5 6 7 8 9 10 11 12

Auf dieser und der nächsten Seite findest du eine Menge Merkwörter. Schreibe sie in deine Lernkartei.

49 Finde die Lösungswörter.

Zahl nach fünf: _ _ c h s

Material für Kerzen: _ _ c h s

anderes Wort für Dose: _ _ c h s _

Geld tauschen: _ _ c h s _ _ _

Radaufhängung bei Autos: _ c h s _

Bundesland: _ _ c h s _ _

_ _ c h s

_ _ c h s

_ _ c h s

_ c h s _

_ _ c h s

50 Die Wörter gehören zu drei Wortfamilien. Ergänze den *x*-Laut und schreibe sie auf.

wa x en, Gewä x haus, abwe x elnd, Briefwe x el, nä x te, erwa x en, demnä x t, zunä x t, Wa x tum, verwe x eln

1. ....

....

2. ....

....

3. ....

....

Diese Merkwörter machen mich *fix* und *foxi*.

Merke dir:
Die Schreibweise *gs, ks* und *cks* lässt sich oft durch ein verwandtes Wort erklären.

Beispiele:
Anfangs – Anfang
Volkswagen – Volk, dickste – dick

51 Markiere in den Wörtern den *x*-Laut.

Heringssalat ◆ Glücksklee ◆ jüngste ◆ Linksabbieger ◆ sonntags ◆ unterwegs ◆ Mitbringsel

52 Durch welches verwandte Wort lässt sich die Schreibung des *x*-Lautes erklären?

Beispiel: Heringssalat – Heringe,

Merke dir:
Bei Verben, in denen du ein *x* hörst, verrät dir der Infinitiv, wie das Wort geschrieben wird.

Beispiele:
sinkst – sinken
bringst – bringen
blickst – blicken

53 Unterstreiche die Verben. Stelle die Fragen dann deiner Freundin oder deinem Freund.

Frühstücken Sie am liebsten im Bett? – Singen Sie unter der Dusche?
Fliegen Sie gern? – Trinken Sie viel Limonade?
Denken Sie viel über Ihre Zukunft nach? – Wovor schrecken Sie zurück?

Beispiel: Frühstückst du am liebsten im Bett?

54 In den folgenden Sätzen ist der *x*-Laut der Verben falsch geschrieben. Bilde den Infinitiv und schreibe die Personalform richtig auf.

Du lüxt wie gedruckt. – Warum guxt du mich so an? – Wext du mich bitte um sieben Uhr. – Du liext zu viel in der Sonne. – Schenxt du mir ein Foto von dir? – Du steixt an der nächsten Haltestelle aus. – Schixt du mir eine Urlaubskarte? – Warum lext du deinen Mantel nicht ab? – Flixt du den Reifen selbst?

Beispiel: lügen – du lügst,

Allerdings gibt es auch ein paar Merkwörter mit *gs*.
Aber die machen mir keine *Angst*, und bis *Pfingsten* habe ich die *längst* drauf.

Tipps zum besseren Lernen

- Meistens hilft dir die **Verlängerungsprobe**, wenn du nicht sicher bist, ob ein Wort mit *b* oder *p, d* oder *t, g* oder *k* geschrieben wird.

  Bilde vom Nomen den Plural.

  Bank – Bänke, Freund – Freunde, Stab – Stäbe

  Steigere oder beuge ein Adjektiv.

  kalt – kälter, rund – runden, schlank – schlanke

  Bilde vom Verb den Infinitiv.

  legt – legen, pumpt – pumpen

  Wenn du in Personalformen von Verben den Laut *x* hörst, verrät dir auch der Infinitiv, ob du *gs, ks* oder *cks* schreibst.

  legst – legen, zankst – zanken, schickst – schicken

- Meistens hilft dir die **Verwandschaftsprobe**, wenn du nicht sicher bist, ob ein Wort mit *ä* oder *e, äu* oder *eu* geschrieben wird.

  fährt – fahren, lehrt – Lehrer, Räuber – rauben, leuchten – Armleuchter

- Wenn du in Fremdwörtern den Laut *w* hörst, schreibt man *v*.

  Vampir, violett, Ventil, Karneval, Verb

- Die Vorsilben *ver-* und *vor-* schreibt man immer mit *v*.

  vergessen, Versicherung, vorbereiten, Vorschrift

1. Ergänze in den Märchentiteln *ä* oder *e, äu* oder *eu, ei* oder *ai*.

Des K.......sers n.......e Kl.......der

Rotk.......ppchen

H.......nsel und Gr.......tel

Der T..........fel mit den dr.......... goldenen Haaren

8

2. Ergänze *b* oder *p, d* oder *t, g* oder *k*.

Horosko.......

Am Anfan....... des Monats gi.......t es ein weni....... Ärger.

Jeman....... will dir Steine in den We....... legen.

Du darfst aber nicht den Kopf in den San....... stecken.

7

3. Ergänze den fehlenden *x*-Laut richtig durch *chs, gs, ks, cks* oder *x*.

Man sagt, dass He.......en Augen wie ein Lu.......... haben.

Es heißt auch, dass sie sonnta.......... immer auf ihren Besen durch die Nacht reiten.

Danach verputzen sie hungrig ihr Frühstü..........ei.

Den..........t du das auch?

5

Du kannst 20 Punkte **erreichen.**

Du hast ______ **erreicht.**

Getrennt- und Zusammenschreibung

Merke dir:
Die Getrenntschreibung von Wörtern ist der Normalfall.
Du musst nur lernen, wann Wörter zusammengeschrieben werden.

Beispiele:
schlecht gehen, Not leiden, sitzen bleiben, verloren gehen, auseinander fallen fertig sein, strahlend weiß, riesig groß, Berliner Straße

1 Was könnte McBird an diesem Nachmittag noch tun? Bilde sinnvolle Sätze.

Lambada hören – Eis putzen – Skateboard kochen – Vokabeln tanzen – Musik schreiben – Essen fahren – Fenster essen – Karten lernen

Er könnte Lambada tanzen, ...

....

....

....

Merke dir:
Wortgruppen aus Nomen + Verb oder Nomen + Partizip werden meistens getrennt geschrieben.

Beispiele:
Beifall spenden, Teppich klopfen, Laub tragend, Schatten spendend, Zeit raubend

2 Markiere in den Sätzen die Wortgruppen aus Nomen + Verb/Partizip.

Marc und Cora wollen sich im botanischen Garten eine Fleisch fressende Pflanze ansehen. Sie erwarten eine riesige, Furcht erregende Blume. „Wenn du sie anfasst, muss ich sofort Alarm schlagen", sagt Marc. Doch obwohl sie schon fast eine Stunde suchen, können sie die Angst einflößende Pflanze nicht finden. Cora wendet sich Hilfe suchend an einen Gärtner, der in der Nähe arbeitet. Mit seiner Gießkanne deutet er auf eine kleine Pflanze mit rotbraunen Fangarmen. „Das ist euer Unheil bringendes Gewächs", sagt der Gärtner lachend. „Wusstet ihr denn nicht, dass nur Insekten Gefahr laufen, von ihr gefressen zu werden?"

3 In der Wörterschlange findest du fünf Wortgruppen aus Nomen + Verb/Partizip. Trenne sie mit einem Strich ab.

4 Schreibe die Wortgruppen in der richtigen Groß- und Kleinschreibung auf.

Beispiel: Feuer speiend,

5 Bilde selbstständig Sätze mit den Wortgruppen.

Manchmal tritt die Bedeutung des Nomens in den Hintergrund: Dann schreibt man die Verbindungen zusammen:
heimkommen, preisgeben, standhalten, teilhaben

Merke dir:
Wortgruppen aus Verb + Verb oder Partizip + Verb schreibt man getrennt.

Beispiele:
bleiben lassen, laufen lassen
gefangen nehmen, geschenkt bekommen

6 Markiere in den Bandwurmsätzen die Wortgrenzen durch einen Strich. Unterstreiche die Wortgruppen aus Verb/Partizip + Verb.

WENN|DUETWASMEHRÜBST,WIRSTDUNICHTSITZENBLEIBEN.
HOFFENTLICHWERDEICHDORTNETTELEUTEKENNENLERNEN.
DIEMEISTENWORTGRUPPENDARFMANGETRENNTSCHREIBEN.
WOLLENWIREINBISSCHENSPAZIERENGEHEN?
UNSEREFREUNDSCHAFTWIRDNOCHVIELEJAHREBESTEHENBLEIBEN.

7 Schreibe die Sätze in der richtigen Groß- und Kleinschreibung auf.

Beispiel: Wenn du etwas ...

Merke dir:
Wortgruppen aus Adjektiv +Verb oder Adjektiv + Partizip schreibt man getrennt, wenn das Adjektiv gesteigert oder erweitert werden kann.

Beispiele:
leicht fallen – sehr leicht fallen,
fest halten – fester halten

8 Bilde die Steigerung oder Erweiterung von folgenden Wortgruppen.

braun gebrannt – hell leuchtend – fein gemahlen – weit gereist – lieb haben – blond gelockt – dünn besiedelt – fett drucken – übel nehmen

Beispiel: sehr braun gebrannt,

Lerntipp:
Die Erweiterungsprobe kannst du mit den Wörtern *besonders, sehr, ganz* oder *völlig* machen:
genau nehmen – besonders/ganz/sehr genau nehmen,
geheim halten – sehr geheim halten, richtig stellen – völlig richtig stellen

Bilde Sätze mit den Wortgruppen aus Aufgabe 7.

Merke dir:
Wortgruppen aus einem Adjektiv, auf *-ig, -isch* oder *-lich* + Verb schreibt man immer getrennt.

Beispiele:
deutlich schreiben, fertig machen, frisch halten

9 Bilde aus den Adjektiven und Verben sinnvolle Wortgruppen.

auswendig	übrig	gründlich	lästig	fertig
bleiben	fallen	machen	lernen	säubern

Beispiel: auswendig lernen,

Merke dir:
Verbindungen aus Adjektiv + Verb oder Adjektiv + Partizip werden zusammengeschrieben, wenn das Adjektiv nicht erweitert oder gesteigert werden kann.

Beispiele:
fernsehen – ~~*ferner sehen*~~
bekanntgeben – ~~*sehr bekannt geben*~~
totschlagen – ~~*sehr tot schlagen*~~
langweilen – ~~*länger weilen*~~

10 Zusammen oder getrennt? Mache die Erweiterungs- oder Steigerungsprobe und schreibe den Satz richtig auf.

Morgen werden wir festlegen/fest legen, wer den Tafeldienst übernimmt.

Sarah trug zum Schulfest ein buntgestreiftes/bunt gestreiftes Kleid.

Der Film wird dir nahegehen/nahe gehen.

Wir werden die nächste Stunde blaumachen/blau machen.

Ich darf nicht schwarzfahren/schwarz fahren, sagt meine Mutter.

Beispiel: festlegen – ~~fester legen~~
Morgen werden wir festlegen, wer den Tafeldienst übernimmt.

Achte auf den Unterschied zwischen einer Wortgruppe (z. B. *blau gestreift*) und einer Zusammensetzung (z. B. *blaugrau*).

Tipps zum besseren Lernen

Wörter nachschlagen

- Wenn du nicht weißt, wie ein Wort geschrieben wird, sieh im Wörterbuch nach. Die Stichwörter sind im Wörterbuch nach dem Alphabet geordnet.

  A, B, C, D, E, F, G, H, I, J, K, L, M, N, O, P, Q, R, S, T, U, V, W, X, Y, Z

- Wenn mehrere Wörter mit demselben Anfangsbuchstaben beginnen, wird nach dem Zweitbuchstaben geordnet.

  Aal, Abend, acht, Adjektiv, Affe, Ahnung, Akkord

- Wenn mehrere Wörter denselben Zweitbuchstaben haben, wird nach dem Drittbuchstaben geordnet.

  beantworten, Becher, bedanken, befestigen, begrüßen

- Die Buchstaben *ä, äu, ö,* und *ü* sind direkt bei *a, au, o* und *u* eingeordnet.

  außen, äußerlich, Auto

- Wenn du ein Wort suchst, schlag unter seiner Grundform nach.

- Nomen im Plural musst du unter dem Singular nachschlagen.

  Bäume – Baum, Höfe – Hof, Kinder – Kind, Sträucher – Strauch

- Personalformen von Verben findest du unter dem Infinitiv des Verbs.

  hältst – halten, ging – gehen, kann – können, lief – laufen

- Gesteigerte Adjektive musst du unter der Grundstufe des Adjektivs nachschlagen.

  älter – alt, dunkler – dunkel, am höchsten – hoch

1. Verbinde die Nomen mit den Verben zu sinnvollen Wortgruppen und bilde selbstständig Sätze.

Feuer, Rat, Fuß, Rad   fassen, fahren, fangen, suchen

....

....

....

....

4

2. Getrennt oder zusammen? Schreibe die Ausdrücke richtig auf.

festkochen/fest kochen: ....

blaumachen/blau machen: ....

weitgereist/weit gereist: ....

hellleuchtend/hell leuchtend: ....

alleinerziehend/allein erziehend: ....

auswendiglernen/auswendig lernen: ....

fernsehen/fern sehen: ....

übrigbleiben/übrig bleiben: ....

8

3. Getrennt oder zusammen? Streiche die falsche Schreibweise durch.

In Tims Schule kann man man nicht sitzenbleiben/sitzen bleiben.
Nomen muss man großschreiben/groß schreiben.
Vater hat sich breitschlagen/breit schlagen lassen und Meike ein Eis gekauft.
Die Übung wird mir leichtfallen/leicht fallen.
Am Sonntag wollen wir spazierengehen/spazieren gehen.
Toi, toi, toi, wird schon schiefgehen/schief gehen!
Anna möchte richtigstellen/richtig stellen, was sie gemeint hat.
Kannst du dichthalten/dicht halten, wenn ich dir etwas verrate?

8

Du kannst 20 Punkte **erreichen.**
Du hast .... **erreicht.**

Zeichensetzung

Merke dir:
Ein Punkt steht nach einer Aussage.
Ein Fragezeichen steht nach einer Frage.
Ein Ausrufezeichen steht nach einem Ausruf oder einer Aufforderung.

Beispiele:
Heute ist es sehr heiß.
Wollen wir schwimmen gehen?
Warum bist du noch nicht fertig?
Vergiss deine Badekappe nicht!

1 Schreibe den Telegrammtext in dein Heft und setze die passenden Satzschlusszeichen.

ICH KOMME MORGEN UM DREI UHR AM FLUGHAFEN AN MEIN GEPÄCK IST SEHR SCHWER KANNST DU MICH ABHOLEN ICH WARTE IN DER HALLE AUF DICH BITTE SEI PÜNKTLICH

Lerntipp:
Das Satzschlusszeichen verrät dir, mit welcher Betonung du einen Satz lesen musst.

Sandra will ihr Fahrrad verkaufen.	=	normal und sachlich
Sandra will ihr Fahrrad verkaufen?	=	fragend und überrascht
Sandra will ihr Fahrrad verkaufen!	=	lauter Ausruf

Kommasetzung

Merke dir:
Ein Komma steht bei der Aufzählung von zwei oder mehr Teilen.
Vor *und, oder* und *sowie* steht nie ein Komma.

Beispiele:
Morgen kommen Oma, Opa und ihr Hund Tobi.
Wir werden spazieren gehen, Eis essen oder ins Kino gehen.

2 Schreibe deiner Freundin auf, welche Zutaten sie für das Waffelrezept braucht.

Omas Waffelrezept

Zutaten:

300 g	Butter oder Margarine
3	Eier
1 Prise	Salz
150 g	Zucker
1 Pk.	Vanillinzucker
200 g	Mehl
100 g	Speisestärke
1/4 l	Orangensaft

Öl oder Speckschwarte zum Ausfetten des Waffeleisens

Du brauchst 300 g Butter oder Margarine,

....

....

....

....

....

....

....

....

....

3 Setze in den Aufzählungen die Kommas.

Zuerst musst du die weiche Butter oder Margarine schaumig rühren. Danach werden Eier Salz und Zucker nach und nach untergerührt. Dann musst du das gesiebte Mehl die Speisestärke und den Orangensaft hinzufügen und gut verrühren. Danach kannst du den Teig löffelweise in das heiße ausgefettete Eisen geben goldbraune Waffeln backen und es dir schmecken lassen.

Ein Beistrich heißt *Komma*.
Zwei Beistriche heißen *Kommas* oder *Kommata*.

Merke dir:
Hauptsätze werden durch ein Komma abgetrennt (= **Satzverbindung**).
Sie können zusätzlich durch ein Bindewort (*aber, denn, oder, und*) verbunden werden.
Bei einer Satzverbindung mit *und* oder *oder* steht das Komma nur, um Missverständnisse zu vermeiden.

Beispiele:
Die Ferien haben begonnen, auf den Straßen stauen sich die Autos.
Wir werden erst morgen fahren, denn wir möchten nicht im Stau stehen.

Oma nimmt den Zug(,) und das Auto lassen wir in der Garage.

4 Verknüpfe die Hauptsätze zu sinnvollen Satzverbindungen.

Meike hat ein Pony geschenkt bekommen.	**oder**	Die Musik war zu laut.
Jens macht sich eine heiße Milch mit Honig.		Ich werde böse.
Silke holt den Schlitten aus dem Keller.	**aber**	Er hat starke Halsschmerzen.
Sollen wir uns eine Pizza backen?		Alle Blumen sind vertrocknet.
Tante Maria hat mir eine CD geschenkt.	**denn**	Ich mag keine Volksmusik.
Es hat seit drei Wochen nicht geregnet.		Sie kann nicht reiten.
Hör endlich mit dem Geschrei auf!	**und**	Möchtest du lieber Salat essen?
Die Nachbarn haben sich beschwert.		Wir packen die Koffer ins Auto.

Beispiel: Meike hat ein Pony geschenkt bekommen, aber ...

5 In welchen Satzverbindungen ist ein Komma vor *und* oder *oder* sinnvoll, um Missverständnisse zu vermeiden?

Meine Eltern fahren nach Italien ■ und wir fahren zum Zelten an den Baggersee.
Ich esse gerne Kuchen ■ und Eis schmeckt mir auch sehr gut.
Möchtest du dich in die Sonne setzen ■ oder sollen wir besser im Schatten bleiben?
Der Tierwärter füttert die Löwen ■ und die Kinder sehen gespannt zu.
Möchtest du noch arbeiten ■ oder spielen wir erst ein bisschen?

Hauptsätze erkennst du daran, dass sie selbstständig sind.

Merke dir:
Haupt- und Nebensätze werden durch ein Komma abgetrennt (= **Satzgefüge**). Nebensätze werden häufig durch ein Bindewort (*als, dass, nachdem, obwohl, weil, wenn*) oder ein Relativpronomen (*der, die, das, welcher, welche, welches*) eingeleitet.

Beispiele:
Ich hoffe, dass du nicht böse bist.
Ich werde, wenn ich Geburtstag habe, eine große Party machen.
Weil es heiß ist, kaufe ich mir ein Eis.
Das Haus, das (welches) am Ende der Straße steht, wird abgerissen.

6 Unterstreiche in den Satzgefügen den Nebensatz und markiere das Bindewort. Setze die Kommas.

Unsere Mannschaft wird Pokalsieger, wenn sie dieses Spiel gewinnt.
Obwohl es in Strömen regnete war das Stadion bis auf den letzten Platz ausverkauft.
Es gab riesige Beifallsstürme als die Spieler auf den Rasen liefen.
Nachdem die Zuschauer Platz genommen hatten pfiff der Schiedsrichter das Spiel an.
Als ein Spieler am Boden liegen blieb unterbrach der Schiedsrichter das Spiel.
Einige Zuschauer begannen zu pfeifen obwohl es kein Foul gegeben hatte.
Unser Stürmer musste ausgewechselt werden weil er sich verletzt hatte.
Alle hoffen dass er beim nächsten Spiel wieder dabei sein kann.

7 Unterstreiche den Nebensatz und markiere das Relativpronomen. Setze die Kommas.

Das Diktat, das wir gestern geschrieben haben, war sehr schwierig.
Die beste Freundin die ich habe heißt Katrin.
Mein Fahrrad das ich immer am Zaun angekettet habe ist gestohlen worden.
Meine Oma backt den leckersten Kuchen den ich jemals gegessen habe.

Lerntipp:
Nebensätze können nicht allein stehen, sie sind nicht selbstständig.
Sie können vor oder nach einem Hauptsatz stehen.
Nebensätze können auch in einen Hauptsatz eingeschoben sein. Sie werden dann vorne und hinten durch Kommas abgetrennt.

Welche Arten von Nebensätzen es gibt, findest du im Heft Grammatik 5/6 der Reihe „Endlich verständlich“.

Wörtliche Rede

Merke dir:
Wird eine Rede wörtlich wiedergegeben, so wird sie in Anführungszeichen („...“) eingeschlossen. Meistens steht bei der wörtlichen Rede ein Begleitsatz, durch den man erfährt, wer spricht.

Beispiele:
„Lass uns ins Kino gehen!“
„Der Wal ist das größte Säugetier.“
„Wie hast du das geschafft?“

- Wird der Begleitsatz vorangestellt, so endet er mit einem Doppelpunkt. — *Tina sagt: „Lass uns ins Kino gehen!“*
- Wird der Begleitsatz nachgestellt, so wird er durch ein Komma abgetrennt. — *„Wie hast du das geschafft?“, fragt Tim.*
- Wird der Begleitsatz eingeschoben, so wird er vorne und hinten durch Kommas eingeschlossen. — *„Der Wal“, erklärt die Lehrerin, „ist das größte Säugetier.“*

8 Wer sagt was? Schreibe die Sätze in wörtlicher Rede auf. Stelle den Begleitsatz jeweils vor und nach die wörtliche Rede.

Beispiel: Nick fragt: „Was sollen wir bei diesem Wetter nur machen?"
„Was sollen wir bei diesem Wetter nur machen?", fragt Nick.

9 Ergänze die fehlenden Satz- und Redezeichen.

Seit ich einen kleinen Hund habe sagt Sonja gehe ich gerne spazieren.
Möchtest du ein Eis haben fragt Vater oder hast du noch Bauschschmerzen?
Wenn wir den Wecker auf acht Uhr stellen meint Tobias werden wir pünktlich sein.

Solange man zu Anführungszeichen „Gänsefüßchen“ und nicht „Eulenfüßchen“ sagt, finde ich alles voll in Ordnung.

Ergänze die fehlenden Satz- und Redezeichen.

Ich habe eine Neuigkeit für euch über die ihr bestimmt sehr erfreut sein werdet sagt die Lehrerin feierlich. Wir werden einen Ausflug ins Landschulheim machen. Aufgeregt reden die Kinder durcheinander denn es ist ihre erste große Klassenfahrt die sie gemeinsam machen Nachdem wieder Ruhe eingekehrt ist werden die ersten Pläne geschmiedet Bald stehen eine Kissenschlacht eine Nachtwanderung ein Grillabend und eine Schnitzeljagd auf dem Programm. Daniela fragt Werden wir mit dem Bus fahren oder nehmen wir den Zug Wir fahren mit dem Zug sagt die Lehrerin. Super ruft Thorsten. Mein Vater ist nämlich Lokführer und vielleicht hat er ja an dem Tag Dienst.

Du kannst **20 Punkte** **erreichen.**
Du hast ______ **erreicht.**

ab
Abend
abwechselnd
Achse
Achsel
Advent
Affe
ähnlich
Ähre
alt
anfangs
Angst
Ängstlich
Arbeit
Ärgernis
arm
Ast
Axel
Axt

backen
Bäcker
Bär
Befreiung
bei
Bekanntschaft
bellen
Beule
blaumachen
blühen
Blume
boxen
breitschlagen
brennen
Briefwechsel
Büchse

Dach
Dachs
dämlich
demnächst
deutlich
deutsch
dichthalten
drei

Ehre
Eid
Eile
eine
Eis
Erbse
Erlaubnis
ernähren
erwachsen
Eule
Euter
Ewigkeit
exakt
Examen
Explosion

fähig
Fall
fällen
fassen
Fax
Felle
fernsehen
Fest
Feuer
Finsternis
Fisch
fix
Frechheit
Freiheit
freuen
Frosch
Frühstücksei
Fuchs

gähnen
Gebäck
Gefahr
gefährlich
Geheimnis
Gemütlichkeit
Gepäck
Gerät
Gesang
Gewächshaus
Glanz
glänzend
grässlich
Gräte
Greis
Gretel
großschreiben

Hahn
Hai
handeln
Händler
Hang
hängen
Hänsel
hart
hässlich
Herbst
Heu
heute
Hexe
hexen
Hoffnung
hübsch
Hund

jagen
Jäger
jahrelang
jetzt

Käfer
Käfig
Kai
Kaiser
kalt
Kampf
kämpfen
kämpferisch
Karneval
Käse
Klage
kläglich
Klavier
Kleider
Knoblauch
Krach
Krähe
krähen
krank
kraxeln
Krebs
Kreis
Kurve

lächeln
Lachs
Laib
Laich
Laie
Land
ländlich
lang
Lärche
Lärm
Laub
Laube
Leib
Leute
Lexikon
liebevoll
Luchs
Luxemburg
Luxus

Macht
mächtig
Mädchen
mähen
Mähne
Mai
Maid
Mailand
Mais

Mann
männlich
Märchen
März
mein
Mittag

Mittwoch-
morgen
mittwochs
mixen

nächste
Nacht
nah
nähen
Nahrung
Naht
nämlich
nass
Neid
Nerven
neu
neue
Nixe
November

ob
Obst
Ochse

Pass
Pfeife
Pferd
Pfirsich
Pflaume
pflücken
Pfütze
Physik
Pracht
prächtig
Praxis

quaken
Qual
quälen

Rabe
Rache
Rachen
rächen
Rad
Rat
Reise
Rock
Rotkäppchen
Rüge

Sachsen
Sägen
Saite
Sängerin
Sauberkeit
Schaden
schädlich
Schale
schälen
scharf
scheuen
Scheune
schön
Schönheit
schräg
schwarzfahren
sechs
sonntags
Spannung
spät
stark
Stern
Steuer
stolz
Strumpf

Tag
täglich
Taxi
Teil
Teufel
Textilien
Topf
Träne

Universität

Vanille
Vase
Vater
Veilchen
Verb
verbieten
verbrauchen
vergeben
Vergehen
verkehren
Verrat
verräterisch
verreisen
Versammlung
verschlagen
versetzen
verspielen
versprechen
vertragen
vertrauen
Verwandtschaft
verwechseln
Vetter
viel
Villa
Vokabel
Vokal
vorbereiten
vorgeben
vorgehen
vormittag
vorn
Vorrat
vorschlagen
vorsetzen
Vorsicht
Vorsilbe
vorspielen
vorsprechen
Vorteil
vortragen

Wachs
wachsen
Wachstum
Wahl
wählen
während
Waise
wechseln
Wein
Wissenschaft
Witz
Woche

zäh
Zahl
zählen
Zeit
Zeugnis
zunächst